Betriebsbuchführung

für

Gaswerksbetriebe

Darstellung der Methode einer Betriebsbuchführung zum Zwecke der Wirtschaftskontrolle in Gaswerksbetrieben als Beispiel durchgeführt für einen größeren Gaswerksbetrieb

Von

Dipl.-Ing. Friedrich Greineder

Betriebsingenieur der Gaswerke Köln a. Rh.

München und Berlin

Druck und Verlag von R. Oldenbourg

1910

Inhaltsverzeichnis.

Einleitung.

Die Buchführung ist die sichere Grundlage für das zuverlässige Gedeihen jedes Erwerbsunternehmens. In der Erkenntnis, daß durch klare Übersicht der wirtschaftliche Erfolg eines Unternehmens wesentlich gefördert wird, verwendet der tüchtige Kaufmann die größte Sorgfalt auf vollendete Ausgestaltung der kaufmännischen Buchführung. Bei industriellen Unternehmen kann jedoch die sorgfältigste kaufmännische Buchführung den weitgehenden Anforderungen der Technik an klare Übersicht nicht genügen; die starren Formen der kaufmännischen Buchführung sind nicht geeignet, die Wirtschaftskontrolle der erzeugenden **Betriebe** in ausreichendem Maße zu übernehmen. Hierzu bedarf es der freieren Formen einer technischen Buchführung, die allein in der Lage ist, Aufwand und Leistung in ihrem gegenseitigen Zusammenhang und in der notwendigen detaillierten Form zu erfassen.

Die technische oder Betriebsbuchführung ist so vielgestaltig wie die Technik selbst; wirtschaftliches Verständnis und Organisationsvermögen müssen der Betriebsbuchführung in jedem einzelnen Falle die besonderen, geeigneten Formen geben. In der erfolgreichsten Durchbildung läuft die Betriebsbuchführung nicht etwa als eine zweite Buchführung neben der kaufmännischen Buchführung her, sondern stellt im wesentlichen nur eine Ergänzung, eine Art Hilfs- oder Vorbuchung der kaufmännischen Buchführung dar. In diesem Falle vereinfacht die Betriebsbuchführung die kaufmännische Buchführung durch Überweisung der Buchungen in geschlossenen Formen und gibt ihr außerdem eine Ausgestaltung, daß die kaufmännischen Abschlüsse in ungleich höherem Maße als bisher einen klaren Einblick in die Wirtschaft des Unternehmens gestatten.

So verschiedenartig die Methoden der Betriebsbuchführungen im einzelnen sind, so lassen sich doch im wesentlichen zwei Hauptgruppen unterscheiden:

1. Betriebsbuchführungen mit dem Hauptzweck der zwangsläufigen Selbstkostenermittlung für Kalkulationszwecke,
2. Betriebsbuchführungen mit dem Hauptzweck der laufenden Betriebs- und kurzfristigen Erfolgskontrolle.

In beiden Fällen wird eine Wirtschaftskontrolle der technischen Betriebe erreicht; in den verwendeten Mitteln weichen jedoch die beiden Formen stark voneinander ab. Die Betriebsbuchführungsmethoden der ersten Gruppe finden naturgemäß ihre vorzügliche Anwendung in privaten industriellen Unternehmen, welche für die Zwecke einer sicheren Preisstellung für ihre einzelnen Erzeugnisse einer scharfen Selbstkostenermittlung bedürfen. Das Anwendungsgebiet der Betriebsbuchführungsmethoden der zweiten Gruppe umfaßt vorwiegend all die Industrieunternehmen, die mit fremdem Gelde arbeiten, insonderheit die staatlichen und städtischen Betriebsunternehmen. Die erwähnte Trennung ist jedoch durchaus keine scharfe; so werden z. B. auch private Industrieunternehmen für Massenfabrikation mit Vorteil eine gewisse Verschmelzung der genannten Betriebsbuchführungsformen verwenden und je nach ihrem besonderen Bedürfnis teils die eine, teils die andere Form mehr betonen.

Trotz der außerordentlichen Vorteile, welche eine scharfe Wirtschaftskontrolle bietet, hat die systematische Betriebsbuchführung bis jetzt noch verhältnismäßig wenig Eingang gefunden. In vielen Industrieunternehmen hilft man sich für die Zwecke der Kalkulation noch immer mit Durchschnittsberechnungen und allgemeinen Unkostenzuschlägen, die eine gelegentliche Nachprüfung auf Grund besonderer Aufstellungen erfahren. Immerhin sind einzelne bedeutende Unternehmen der Maschinen- und Hüttenindustrie im wohlverstandenen eigenen Interesse dazu übergegangen, besondere Methoden der Betriebsbuchführung durchzubilden und einzuführen; von einer größeren Anzahl namentlich mittlerer und kleinerer Unternehmen mag vielleicht die Verwendung derartiger Methoden wenig bekannt geworden sein. Die niedergehende Wirtschaftslage der letzten Jahre sowie die steigende Konkurrenz haben aber das Interesse für systematische Wirtschaftskontrollen außerordentlich geweckt. Vereine und Gesellschaften behandeln in besonderen wirtschaftlichen Kursen die mannigfaltigen Wirtschaftsfragen bei starkem Zuspruch der in der Praxis stehenden Fabrikleiter und Ingenieure; die Technischen und Handelshochschulen widmen sich mit besonderer Aufmerksamkeit der wirtschaftlichen Ausbildung künftiger Fabrikleiter. Die neueste Literatur hat in führenden Zeitschriften und selbständigen Veröffentlichungen neben zahlreichen Abhandlungen über Teilgebiete der Betriebsbuchführungen mehrere Werke über das Gesamtgebiet der industriellen Buchführung und außerdem erstmalig auch Darstellungen bewährter Buchführungseinrichtungen industrieller Werke gebracht[1]). Die Veröffentlichung der letztgenannten praktischen Beispiele sind von besonderem Wert, denn diese tragen mehr als weitläufige Abhandlungen allgemeiner Art die Erkenntnis in weite Kreise, daß mit verhältnismäßig einfachen Mitteln eine vollkommene Übersicht auch über komplizierte Betriebe gewonnen werden kann; die Mühe der erstmaligen Einführung von Betriebsbuchführungen macht sich reichlich bezahlt.

Wenn ich im nachfolgenden den wenigen bekannt gewordenen Beispielen die Darstellung einer Methode der Betriebsbuchführung für Gaswerksbetriebe hinzufüge, so geschieht dies mit der Absicht, den Interessen der Gasindustrie zu dienen. Veranlaßt durch eine rührige Konkurrenz hat die Gasindustrie im letzten Jahrzehnt einen mächtigen Aufschwung genommen, in dessen Folge sich insbesondere im inneren Gaswerksbetrieb bedeutende Umgestaltungen der Anlagen und Einrichtungen vollzogen haben. Aus den ursprünglich verhältnismäßig einfachen Gaswerksbetrieben sind Betriebe mit vielgestaltigem, großindustriellem Gepräge entstanden, deren dauernde, höchstmögliche Ausnützung und fortschreitende Entwicklung neben persönlicher Tüchtigkeit des Leiters nur durch eine sorgfältig durchgearbeitete Betriebsbuchführung gesichert ist. Auf der Jahresversammlung des Deutschen Vereins der Gas- und Wasserfachmänner in Mannheim 1907 und erneut auf der Jubiläumsversammlung in Frankfurt a. M. 1909 nahm Herr Generaldirektor E. Körting-Berlin in hochaktuellen Ausführungen Veranlassung, auf die unabweisliche Notwendigkeit einer sorgfältigen buchhalterischen Durchleuchtung der Betriebe hinzuweisen und im erstgenannten Vortrag auch diesbezügliche Details anzugeben. Zweifellos befinden

[1]) Hier sind besonders das bedeutende Werk von J. Lilienthal »Fabrikorganisation, Fabrikbuchführung etc. etc.« sowie einige Abhandlungen in der Zeitschrift für handelswissenschaftliche Forschung und der Werkstatt Technik zu nennen.

sich bei einer Anzahl von Gaswerksunternehmen buchmäßige Betriebs- und Wirtschaftskontrollen dieser oder jener Form in Anwendung; leider aber sind bisher keine der diesbezüglichen Methoden öffentlich bekannt geworden.

Mit vorliegender Arbeit beabsichtige ich einen gangbaren Weg zur zwangsläufigen Überwachung der Gaswerksbetriebe zu zeigen und damit die **Anregung** zur Einführung von Betriebsbuchführungen in zahlreichen Gaswerksbetrieben zu geben.

Betriebsbuchführung für Gaswerksbetriebe.

A. Grundlagen der Betriebsbuchführung.

Die Betriebsbuchführung für Gaswerksbetriebe oder kurz Gaswerksbuchführung bezweckt die Wirtschaftskontrolle des Gaswerksbetriebes durch systematische Überwachung des Aufwandes. Der natürliche Maßstab jeder Aufwandskontrolle ist die erzielte Leistung. Hiernach sowie nach dem Grundsatz, daß nur aus dem Einzelnen ausreichende Aufschlüsse für das Ganze gewonnen werden können, befaßt sich die Gaswerksbuchführung mit der Buchung des Aufwandes in systematischer Detaillierung, so daß der Aufwand in seinen Teilen auch gewissen Teilleistungen gegenübergesetzt werden kann. Das Summenergebnis der Aufwandsbuchungen gibt naturgemäß die Betriebskosten der Gaserzeugung. Die Bedeutung der Betriebsbuchführung liegt jedoch nicht in der Ermittlung der Betriebskosten an sich, sondern vielmehr in der Möglichkeit, die gewonnenen Werte der Betriebskosten in ihrer Zusammensetzung zu beurteilen und damit den vollen wirtschaftlichen Erfolg des Gaswerksbetriebes zu sichern.

Die Gasfabrikation ist eine Massenfabrikation, bei welcher in ununterbrochenen Prozessen aus Kohle Gas sowie eine Anzahl Nebenprodukte gewonnen und in einzelnen Fabrikationsstufen zu verkaufsfähigen Waren umgestaltet werden; neben den eigentlichen Fabrikationsabteilungen umfaßt der Gaswerksbetrieb eine Anzahl allgemeiner Verbrauchsabteilungen. In den Leistungen der Fabrikationsabteilungen innerhalb gewisser Zeitabschnitte sind für den Gaswerksbetrieb die Teilleistungen gegeben, denen der Aufwand für die Fabrikationsabteilungen in den gleichen Zeitabschnitten gegenübergesetzt wird. Der Aufwand der allgemeinen Verbrauchsabteilungen muß naturgemäß auf die Gesamtleistung des Gaswerksbetriebes bezogen werden. Zum Vergleich von Aufwand und Leistung dienen der vorliegenden Gaswerksbuchführung monatliche Abschlüsse der nach Abteilungen getrennten Aufwandbuchungen bzw. der entsprechenden Konten; die monatlichen Abschlüsse fügen sich am besten in die allgemein übliche Rechnungsweise bei Gaswerksunternehmen ein, wie anderseits auch die monatlichen Fristen vollkommen für die wirksame Betriebs- und Wirtschaftskontrolle ausreichen.

Nach dem Vorstehenden ergibt sich für einen gewissen größeren Gaswerksbetrieb zunächst folgende Hauptkonteneinteilung der Gaswerksbuchführung:

Konto I: Kohlenbehandlung,
» II: Gaserzeugung,
» III: Koksbehandlung,
» IV: Gasbehandlung,
» V: Teerbehandlung,
» VI: Ammoniakwasserverarbeitung,
» VII: Wassergaserzeugung,
» VIII: Laboratorium und Versuchsgasanlage,
» IX: Allgemeine Fabrikanlagen,
» X: Allgemeine Unkosten,
» XI: Lager (Vorräte),
» XII: Gehälter (der Betriebsbeamten).

Diese zwölf Hauptkonten, auf welche die gesamten Ausgaben des Gaswerksbetriebes untergebracht werden, haben mit geringen Abweichungen (siehe Konto VII und VIII) für jeden Gaswerksbetrieb ohne Rücksicht auf dessen Umfang Geltung. Während unter Umständen bei kleineren Gaswerksbetrieben durch die Unterteilung in vorgenannte zwölf Konten bereits ausreichende Aufschlüsse gewonnen werden können, erfordert die Betriebsüberwachung größerer neuzeitlicher Betriebe innerhalb dieser Hauptkonten eine sorgfältige Detaillierung in Unterkonten. Die weitere Unterteilung gestaltet sich naturgemäß für jeden Gaswerksbetrieb in anderer Weise und steht im unmittelbaren Zusammenhang mit der jeweiligen Durchbildung der betreffenden Gaswerksanlage. Die zuverlässige Überwachung umfangreicher Transportanlagen für Kohle und Koks bedingt meist die Aufstellung besonderer Unterkonten; hierbei ist es zweckmäßig, bei Konto I »Kohlenbehandlung« zu unterscheiden:

a) Transport der Kohle vom Waggon direkt zur Verwendungsstelle im Betrieb,
b) Transport der Kohle vom Waggon auf Lager,
c) » » » » Lager bis in den Transportweg zum Betrieb;

ähnlich bei Konto III »Koksbehandlung«:

a) Transport des Kokses von den Öfen zur Aufbereitungsanlage,
b) Aufbereitungsanlage,
c) Transport des Kokses auf Lager,
d) » » » vom Lager zur Aufbereitungsanlage,
e) Behandlung des Kokses zum Verkauf.

Die einzelnen Fabrikationsstufen bei der »Gasbehandlung« zwingen mit Rücksicht auf ihre ausschlaggebende Bedeutung im Gaswerksbetrieb zur Unterteilung des Kontos II nach den natürlichen Fabrikationsstufen. Sehr zweckmäßig ist weiter bei großen Gaswerksanlagen die Aufteilung des Kontos IX »Allgemeine Fabrikanlagen« nach Anlagengruppen von Anlagen gleicher Bestimmung. Viele Gaswerksanlagen sind in zwei oder mehreren, mehr oder minder getrennten Betriebsanlagen errichtet, oder es bestehen auch bei einzelnen Fabrikationsabteilungen zwei oder mehr Fabrikationssysteme verschiedener Konstruktion; für die Betriebsführung ist es von Wichtigkeit, die verschiedenen Anlagen und Systeme, meist ältere und neuere, getrennt überwachen zu können. In vollkommener Weise wird dies durch Aufstellung getrennter Unterkonten innerhalb der betreffenden Konten erreicht.

Nach diesen allgemeinen Gesichtspunkten ergibt sich für den, der vorliegenden Arbeit zugrunde gelegten Gaswerksbetrieb nachstehende detaillierte Kontenliste:

Konto I: Kohlenbehandlung.

Konto I 1: Kohlentransport für Betrieb I,
» I 2: » » » II,
» I 3: Kohlenlagerung,
» I 4: Kohlentransport vom Lager.

Konto II: Gaserzeugung.

Konto II 1: Ofenhausbetrieb I,
» II 2: » II.

Konto III: Koksbehandlung.

Konto III 1: Kokstransport im Betrieb I,
» III 2: » » » II,
» III 3: Koksseparation Betrieb I,
» III 4: » II,
» III 5: Kokslagerung,
» III 6: Kokstransport vom Lager,
» III 7: Koksverkauf.

Konto IV: Gasbehandlung.

Konto IV 1: Gaskühlung Betrieb I,
» IV 2: » » II,
» IV 3: Gastransport Betrieb I,
» IV 4: » » II,
» IV 5: Gasreinigung von Teer Betrieb I,
» IV 6: » » » » II,
» IV 7: » » Ammoniak Betrieb I,
» IV 8: » » » » II,
» IV 9: » » Schwefel Betrieb I,
» IV 10: » » » » II,
» IV 11: Gasmessung, Gasaufbewahrung, Druckreglung.

Konto V: Teerbehandlung.

Konto VI: Ammoniakwasserverarbeitung.

Konto VII: Wassergaserzeugung.

Konto VIII: Laboratorium und Versuchsgasanstalt.

Konto IX: Allgemeine Fabrikanlagen.

Konto IX 1: Umfriedigung, Plätze etc.,
» IX 2: Allgemeine Betriebsgebäude,
» IX 3: Wohlfahrtsanlagen,
» IX 4: Wohngebäude.

Konto X: Allgemeine Unkosten.

Konto XI: Lager (Vorräte).

Konto XII: Gehälter (der Betriebsbeamten).

Die vorliegende Betriebsbuchführung umfaßt sonach insgesamt in 12 Hauptgruppen 35 Unterkonten, im folgenden Betriebskonten genannt.

Die Unterteilung des gesamten Aufwandes für den Gaswerksbetrieb auf diese 35 Betriebskonten ermöglicht einen sehr weitgehenden Einblick in die Betriebsgebarung; durch monatlichen Abschluß der Betriebskonten und Beziehung des Gesamtaufwandes einer Betriebsabteilung auf die Monatsleistung der betreffenden Betriebsabteilung werden Relativwerte gewonnen, die den unmittelbaren Vergleich der einzelnen Monatsergebnisse einer Betriebsabteilung gestatten. Jede Veränderung im monatlichen Gesamtergebnis des Gaswerksbetriebes kann damit bereits in den Monatsergebnissen der 35 Betriebsabteilungen detailliert erkannt werden.

Für eine vollkommene Betriebsüberwachung genügt es jedoch nicht, die Monatsaufwendungen als Ganzes einander gegenüberzustellen; für die Beurteilung des Betriebes ist es von wesentlicher Bedeutung, ob z. B. die Aufwandssteigerung einer Betriebsabteilung durch höhere Aufwendungen für Löhne oder für Materialien verursacht worden ist. Eine Unterteilung des Aufwandes nach Arten ist somit neben der Unterteilung in Betriebskonten die zweite und wesentliche Bedingung einer brauchbaren Betriebsbuchführung; erst durch die Trennung des Aufwandes nach einzelnen Arten ermöglicht die Betriebsbuchführung die detaillierten Aufschlüsse, deren der technische Leiter zur vollendeten Betriebsführung eines Gaswerksbetriebes bedarf.

Auf den ersten Blick mag es als eine sehr weitgehende Forderung erscheinen, die Aufwandsbuchungen auf die einzelnen Konten auch noch nach Arten zu trennen; im nachstehenden wird sich jedoch zeigen, daß sich diese Unterteilung in einfachster Weise unmittelbar aus dem System der vorliegenden Betriebsbuchführung ergibt und z. B. keinerlei besondere Aufstellungen erforderlich macht.

Dem technischen Bedürfnis entsprechend unterscheidet die vorliegende Gaswerksbuchführung im wesentlichen einen Aufwand an: Löhnen, Materialien, Neuanschaffungen und Betriebsmitteln. Innerhalb dieser Gruppen findet eine Trennung der Löhne in Betriebslöhne und Reparaturlöhne statt; die Aufwendungen für Materialien werden aus später zu erörternden Gründen gesondert als Lagermaterialien und als besondere Ersatzanschaffungen verbucht. Für Neuanschaffungen müssen die Betriebsabteilungen mit den Beträgen für Zinsen, Tilgung und Abschreibung belastet werden. Ohne schon jetzt die Verbuchung der Neuanschaffungen auf die Betriebskonten und damit die Übernahme dieser Aufwendungen auf Betriebskosten näher zu begründen, sei hier hervorgehoben, daß hierbei eine klare

Scheidung der Beträge für Verzinsung und Tilgung von den Abschreibungsbeträgen unbedingtes Erfordernis ist.

Unter »Betriebsmittel« sind im vorliegenden verstanden und werden getrennt verbucht: Dampf für Kraft und Heizung, elektrischer Strom für Kraft und Licht, Gas für Heizung und Licht, Wasser von verschiedener Herkunft und Beschaffenheit; außerdem werden unter diesem Begriff gesondert behandelt die Aufwendungen für: Bahntransport innerhalb der Fabrik, Betrieb der Reparaturwerkstätten, Betrieb des Lagers.

Für vorliegenden speziellen Fall werden die Aufwandsbuchungen für jede einzelne Betriebsabteilung in nachbenannte Gruppen unterteilt:

1. Löhne:
   a) Betriebslöhne,
   b) Reparaturlöhne.
2. Materialien:
   a) Lagermaterialien,
   b) Besondere Ersatzanschaffungen.
3. Neuanschaffungen:
   a) Zinsen und Tilgungsbeträge,
   b) Beträge für Abschreibungen.
4. Betriebsmittel:
   a) Hauptbahntransport,
   b) Kleinbahntransport,
   c) Dampf für Kraft,
   d) Dampf für Heizung,
   e) Elektrischer Strom für Kraft,
   f) Elektrischer Strom für Licht,
   g) Gas für Heizung,
   h) Gas für Licht,
   i) Grundwasser,
   k) Verbrauchswasser,
   l) Städtische Wasser,
   m) Reparaturwerkstättenbetrieb,
   n) Lagerbetrieb.

Die Betriebsmittel, z. B. Dampf, elektrischer Strom etc., werden meist im eigenen Betrieb in besonderen, mehr oder minder selbständigen Hilfsbetrieben erzeugt. Um die Betriebsmittel den einzelnen Betriebsabteilungen entsprechend ihrem Verbrauch belasten zu können, müssen die Selbstkosten der einzelnen Betriebsmittel bekannt sein. Zur Ermittlung der Selbstkosten der Betriebsmittel wird für jeden Hilfsbetrieb ein besonderes Konto, ein Hilfskonto, aufgestellt und auf diese Hilfskonten der Aufwand an Löhnen, Materialien, Neuanschaffungen, wie eventuell auch anderer Betriebsmittel ebenso wie auf die aufgestellten Betriebskonten verbucht. Der hierdurch ermittelte monatliche Gesamtaufwand für einen Hilfsbetrieb wird durch die Monatsleistung des Hilfsbetriebes dividiert und ergibt die Selbstkosten pro Leistungseinheit, z. B. bei Hilfskonto »Elektrischer Strom« die Selbstkosten pro KW-Std. Wie später gezeigt werden wird, ermöglicht die Aufstellung der Hilfskonten nebenbei eine sehr detaillierte Betriebskontrolle der Hilfsbetriebe an sich.

Entsprechend den im vorstehenden Verzeichnis genannten Betriebsmitteln werden für den vorliegenden Fall nachbenannte Hilfskonten benötigt:

Konto A: Fabrikvoll- und -kleinbahn.

Konto A 1: Vollbahn,
» A 2: Kleinbahn.

Konto B: Dampf.

» B 1: Dampferzeugung,
» B 2: Dampfverteilung.

Konto C: Elektrischer Strom.

» C 1: Stromerzeugung,
» C 2: Stromverteilung.

Konto D: Wasser.

» D 1: Grundwasser (Gewinnung und Verteilung),
» D 2: Verbrauchswasser (Gewinnung und Verteilung),
» D 3: Städtisches Wasser (Verteilung).

Konto E: Gasversorgung der Fabrik.

Konto F: Reparaturwerkstättenbetrieb.

Konto G: Lagerbetrieb.

Zur Erzielung eines vollkommenen Einblickes sind die beiden wichtigen Hilfskonten B und C, Dampf und Elektrischer Strom, in je ein Hilfskonto für Dampf- bzw. Stromerzeugung (B 1 und C 1) und Dampf- bzw. Stromverteilung (B 2 und C 2) unterteilt; die hierdurch entstehenden 4 Hilfskonten werden nach getrennter Aufwandsbuchung wieder auf 2 Hilfskonten zusammengezogen, um daraus die Selbstkosten für Dampf- bzw. Strom ermitteln zu können.

Für die weitere Behandlung sind sonach die oben angeführten zwölf Hilfskonten maßgebend.

Durch die Festsetzung der Betriebs- und Hilfskonten, wie durch die Unterteilung des Aufwandes nach Arten sind die Grundlagen der vorliegenden Gaswerksbuchführung gewonnen. Im nachfolgenden ist nun zu zeigen, wie der Aufwand in der vorbeschriebenen Ordnung ermittelt und auf die aufgestellten Konten verbucht wird.

B. Ermittlung des Aufwandes.

a) Löhne.

Die Ermittlung der Löhne für die Zwecke der Betriebsbuchführung wie gleichzeitig der Lohnauszahlung erfolgt mit Hilfe von Lohntabellen nach anliegender Tafel I. Die Lohntabellen, welche für eine 14 tägige Lohnperiode berechnet sind, werden vom Meister oder Vorarbeiter einer Betriebsabteilung für die einzelnen Arbeiter der betreffenden Abteilung geführt, indem die Anzahl der geleisteten Arbeitsstunden eines Arbeiters in die entsprechenden Spalten eingetragen werden. Die Lohntabelle enthält neben den Spalten für Wochentagsbezeichnung, Datum und für die kurze Benennung der geleisteten Arbeit unter Kolonne 4 und 5 eine Anzahl Spalten, die einer näheren Erläuterung bedürfen. In den Spalten der Kolonne 4 erfolgt die Verteilung der im Normallohn täglich geleisteten Arbeitsstunden auf die aufgestellten Betriebs- und Hilfskonten, auf welche die einzelnen Arbeiten entfallen. Unter Kolonne 5 werden die im Normallohn, die mit Lohnzuschlägen für Über-, Nacht- und Sonntagsarbeit sowie die im Akkord geleisteten Arbeitsstunden getrennt geführt; den Spalten für Arbeitsstunden mit Zuschlägen und im Akkord sind Nebenspalten für die Kontenbezeichnung beigefügt. Die natürliche Konteneinteilung nach Betriebsabteilungen und Hilfsbetrieben ermöglicht selbst dem einfachsten Arbeiter eine richtige Verteilung der Arbeitsstunden auf die verschiedenen Konten vorzunehmen; durch die Benennung der Arbeit kann im übrigen die Richtigkeit der Verteilung jederzeit kontrolliert werden. Die Spalte 6 gibt schließlich Raum für die Eintragung etwaiger Funktions- oder Schmutzzulagen. Am Schlusse der Lohnperiode kommen die Lohntabellen zur weiteren Verrechnung nach dem Lohnbureau; dort werden die Spaltensummen gezogen und hiernach die Lohnverrechnung und Lohnverteilung nach dem am Fußende der Lohntabelle angegebenen Vordruck vorgenommen. In den Lohnperioden, die über einen Monatsersten hinausgehen, muß mit Rücksicht auf die monatlichen Abschlüsse der Betriebsbuchführung die Lohnverrechnung in zwei Abschnitten erfolgen; dementsprechend sind in dem Lohnverteilungsschema der Tabelle I auch Spalten für zwei Rechnungsabschnitte vorgesehen. Die Teilung der Lohnbeträge in den gewissen Fällen ist die einzige Unbequemlichkeit, welche die monatlichen Abschlüsse der Betriebsbuchführung gegenüber anderen kurzfristigen Abschlüssen mit sich bringen; in allen anderen Fällen fügen sich die monatlichen Abschlüsse weitaus am besten in den Rahmen der üblichen Verrechnungsart ein.

Zur bequemen Handhabung werden die Lohntabellen zweckmäßig aus ganz dünnem Karton hergestellt, der nur einseitig bedruckt wird; die Rückseite bleibt frei und dient in der Hauptsache für die Überweisungsvermerke. Die Lohnkarten haben in der gegebenen Form, abgesehen von ihrer Verwendung für die Gaswerksbuchführung, wesentliche Vorzüge vor den üblichen Lohn- und Schichtenbüchern; die Lohnkarten geben vor allem eine klare Übersicht über die Leistungen der einzelnen Arbeiter und vermitteln damit dem Vorarbeiter oder Meister bereits eine gewisse Betriebskontrolle. Auch bei Überweisungen eines Arbeiters von einer zur anderen Betriebsstelle erhöhen die Lohnkarten die Übersicht und erleichtern den schriftlichen Verkehr der Abteilungen.

Die Lohnkarte nach Tafel I findet für alle Betriebsarbeiter Anwendung; die 7 Spalten der Kolonne 4 dieser Tabelle genügen für die Stundenverteilung auf die einzelnen Konten selbst in den Fällen, in denen innerhalb der 14 tägigen Lohnperiode ein öfterer Wechsel in der Beschäftigung des Arbeiters vorliegt, wie z. B. bei Hofarbeitern. Reparaturarbeiter, wie z. B. Schlosser, können dagegen während der 14 tägigen Lohnperiode möglicherweise für sämtliche Betriebsabteilungen und Hilfsbetriebe Arbeiten auszuführen haben; für diese Arbeiterkategorie findet die erweiterte Lohnkarte nach Tabelle II Verwendung, die zum Zwecke der Stundenverteilung Spalten für sämtliche 35 Betriebs- und 12 Hilfskonten sowie einige Spalten für Neuanlagen aufweist. Im übrigen ist diese Lohnkarte genau nach den Grundsätzen der Lohnkarte I, Tabelle I, aufgestellt und bedarf daher keiner weiteren Erläuterung.

Aus den Lohnkarten wird der Lohnbetrag für die Zwecke der Lohnauszahlung unmittelbar in die üblichen Lohnlisten übertragen, in denen die verschiedenen Lohnabzüge vollzogen und die Auszahlung des Restbetrages, eventuell gegen Namensunterschrift, bescheinigt werden kann.

Für die Zwecke der Gaswerksbuchführung handelt es sich, die auf die einzelnen Konten entfallenden Lohnbeträge herauszuziehen und in Monatsbeträgen für jedes Konto besonders zu ermitteln. In dem Lohnverteilungsschema am Fußende der Lohnkarten ist diese Arbeit vorbereitet, indem dort der Lohnbetrag jedes Arbeiters für die 14 tägige Lohnperiode bzw. für die dieser entsprechenden 1 bis 2 Rechnungsabschnitte auf die einzelnen Konten seitens des Lohnbureaus ausgeteilt wird. Um hieraus die monatlichen Lohnbeträge für die einzelnen Konten zu gewinnen, bedarf es nur einer einfachen Zusammenstellung unter Zuhilfenahme einer Tabelle nach der in Tabelle a (S. 20) angedeuteten Form, in welcher der monatliche Gesamtlohnbetrag eines Kontos aus den Teillohnbeträgen der 3 bis 4 Rechnungsabschnitte eines Monats zusammengestellt wird.

Wie bereits früher bemerkt, erfordert die Wirtschaftskontrolle zur erhöhten Übersicht über die Löhne eine Trennung der Betriebslöhne von den Reparaturlöhnen; diese ist um so leichter durchzuführen als die Reparaturarbeiten fast ausschließlich von besonderen Reparaturarbeitern vorgenommen werden. Zur Unterscheidung der Reparaturarbeiten von den Betriebsarbeiten tragen die Meister die Arbeitsstunden für Reparaturen durchweg mit roter Tinte in die Lohnkarten ein. Selbst in den Fällen, daß Betriebsarbeiter Beihilfe bei Reparaturen leisten, ermöglicht die verschiedenfarbige Buchung der Arbeitsstunden die Trennung in einfacher Weise. Naturgemäß werden die monatlichen Lohnbeträge für Betriebslöhne einerseits und Reparaturlöhne anderseits getrennt mit Hilfe von zwei Tabellen nach Tabelle a (S. 20) zusammengestellt.

Die Übersicht über den Aufwand an Löhnen für die verschiedenen Betriebs- und Hilfskonten in den einzelnen Monaten des Jahres kann schließlich durch eine einfache Zusammenstellung nach Tabelle b (S. 20) gewonnen werden, die gleichfalls getrennt für Betriebs- und Reparaturlöhne geführt wird.

Tabelle a.

Zusammenstellung

der Betriebslöhne / Reparaturlöhne pro Monat ..... 19...

Tabelle b.

Übersichtstabelle

für den

Aufwand an Betriebslöhnen / Reparaturlöhnen pro Jahr 19...

Tabelle a.

	Kohlen-transp. Betr. I		Kohlen-transp. Betr. II		Kohlen-lage-rung		Kohlen-transp. v. Lager		Ofen-haus Betr. I		Ofen-haus Betr. II		Koks-transp. Betr. I		Koks-transp. Betr. II		etc. etc. (sämtl. Betriebs- und Hilfskonten)	Grund-wasser		Ver-brauchs-wasser		Städti-sches Wasser		Gasver-sorg. d Fabrik		Reparat.-Werkst.-Betr.		Lager-betrieb	
	ℳ	₰	ℳ	₰	ℳ	₰	ℳ	₰	ℳ	₰	ℳ	₰	ℳ	₰	ℳ	₰		ℳ	₰	ℳ	₰	ℳ	₰	ℳ	₰	ℳ	₰	ℳ	₰
1/IV bis 11/IV																													
12/IV bis 25/IV																													
26/IV bis 30/IV																													
Sa.																													

Tabelle b.

Monat	Kohlen-transp. Betr. I		Kohlen-transp. Betr. II		Kohlen-lagerung		Kohlen-transp. v. Lager		Ofenhaus Betr. I		Ofenhaus Betr. II		etc. etc. (sämtl. Betriebs- und Hilfskonten)	Städti-sches Wasser		Gasversor-gung der Fabrik		Reparatur-werkst.-Betrieb		Lager-betrieb	
	ℳ	₰	ℳ	₰	ℳ	₰	ℳ	₰	ℳ	₰	ℳ	₰		ℳ	₰	ℳ	₰	ℳ	₰	ℳ	₰
April																					
Mai																					
Juni																					
Juli																					
August																					
Septbr.																					
Oktbr.																					
Novbr.																					
Dezbr.																					
Januar																					
Februar																					
März																					
Sa.																					

b) Materialien.

Unter Materialien seien im folgenden sowohl Betriebsmaterialien wie alle Arten von Ersatzgegenstände verstanden. Die Betriebsmaterialien wie die Mehrzahl aller Ersatzgegenstände werden auf Vorrat beschafft und nehmen daher ihren Weg durch das Lager in den Betrieb; in verhältnismäßig wenigen Fällen erfolgt die Beschaffung von Ersatzgegenständen zur sofortigen Verwendung im Betrieb. Bei vorliegender Betriebsbuchführung werden die »Lagermaterialien« getrennt von den »Besonderen Ersatzanschaffungen« gebucht; die Gründe hierfür liegen in der getrennten Registrierung der beiden Arten von Ersatzgegenständen, wie dies aus dem Folgenden ohne weiteres hervorgeht.

Die Ermittlung des Aufwandes für Lagermaterialien setzt eine sorgfältig geordnete Lagerbuchführung voraus; es soll daher zunächst die Lagerbuchführung in Kürze beschrieben werden. Die Lagerbuchführung umfaßt im wesentlichen die Buchung der Lagereingänge in laufender Folge (Führung des Lagerjournales), der Lagerbestände, getrennt nach Arten, und der Lagerausgänge, getrennt nach den einzelnen Verwendungsstellen. Während das Lagerjournal zweckmäßig Buchform hat, wird für die Bestände und Ausgangsbuchung mit großem Vorteil das Kartensystem angewendet. Das Lagerjournal nach Tabelle III enthält alle Angaben, die zur näheren Kennzeichnung der Lieferung nötig sind, so daß im Lagerjournal stets alle wichtigen Daten einer Lieferung nachgeschlagen werden können. Von besonderer Wichtigkeit ist es, daß die Preise der Lieferung mit allen Details über Rabatt, Zuschläge, Spesen aller Art, Rückvergütung für Verpackung, Skonto und daraus schließlich der reine Netto-Gesamtpreis und Netto-Einheitspreis klar ersichtlich ist.

Jeder Lagereingang wird aus dem Journal alsbald nach Eingang in die Bestände durch Übertragung auf die Lagerkarte übernommen. Die Lagerkarte, die nach Tabelle IV für jedes einzelne Material besonders geführt wird, gibt eine vollkommene Übersicht sowohl über die Ein- und Ausgänge, wie besonders auch über die jederzeitigen Bestände. Die Führung getrennter Lagerkarten für die einzelnen Materialien erfordert in großen Betrieben allerdings eine ziemlich bedeutende Anzahl von Lagerkarten. Die Lagerkarten werden zur raschen Auffindung jeder einzelnen Karte nach Materialiengruppen sortiert und in geeigneten Kartenregalen untergebracht; unter Verwendung sorgfältig aufgestellter Register lassen sich die Lagerkarten wesentlich bequemer handhaben als dickleibige Lagerbücher und gewähren außerdem eine weit bessere Übersicht über die Bestände als diese. Für die Zwecke der Betriebsbuchführung müssen die Lagerkarten mit den Geldwerten geführt werden. Der im Lagerjournal ermittelte Netto-Gesamtpreis und Netto-Einheitspreis wird unmittelbar in die Eingangs- und von da in die Ausgangsspalte der Lagerkarte übernommen. In der Ausgangsspalte ist dafür Sorge getragen, daß bei wechselnden Preisen eines Materials die Ausgänge so lange zum alten Preise bewertet werden, bis die jeweils ältere Lieferung erschöpft ist. Die Bestandspalte läßt den Bestand des betreffenden Materials nach Stückzahl und Wert jederzeit erkennen; außerhalb der Verwendung für die Betriebsbuchführung ist die laufende Wertangabe der Bestände von Bedeutung, als dadurch der Wert des Lagers jederzeit ohne Inventur, z. B. am Monatsende feststellbar ist.

Um für die Zwecke der Betriebsbuchführung den Monatsaufwand für Lagermaterialien für die einzelnen Betriebsabteilungen und Hilfsbetriebe zu gewinnen, wird für jede dieser Betriebsstellen eine Lagerausgangskarte nach Tab. V geführt und monatlich abgeschlossen. Die sich ergebenden Monatsbeträge der 47 Konten werden in einer Tabelle nach Art der Tabelle b (Seite 20) zusammengestellt und hieraus unmittelbar für die weitere Verwertung der Betriebsbuchführung entnommen.

Aufwendungen für Ersatzgegenstände, die nicht durch das Lager gehen oder auch Aufwendungen für fremde Leistungen zum Zwecke des Ersatzes müssen bei Anweisung der betreffenden Rechnungen in besonderen Listen verbucht werden. Für jedes der 47 Konten wird zu diesem Zwecke eine Liste für Ersatzanschaffungen nach Tabelle VI geführt, in deren Spalten alle notwendigen Angaben über die Lieferungen, insbesondere über die ausgezahlten Beträge für Ersatzgegenstände vermerkt werden. Der Abschluß der Listen am Monatsende gibt die Monatsbeträge für Ersatzanschaffungen für die einzelnen Konten.

c) Neuanschaffungen.

Alle Anschaffungen, die eine Wertvermehrung einer Anlage in sich schließen, wie auch insbesondere alle Aufwendungen für Erweiterungen und Neuanlagen werden unter »Neuanschaffungen« gebucht. Die Buchung geschieht in Anlagelisten nach Tafel I a, die für jede Betriebsstelle, bzw. für jede der 47 Konten besonders geführt werden. Eine Anlageliste ist im wesentlichen ein Verzeichnis, das die sämtlichen Bestandteile einer Betriebsstelle umfaßt und durch Beitragung der Neuanschaffungen laufend ergänzt wird. In dem Verzeichnis werden von jedem einzelnen Bestandteil der Anschaffungswert, die Sätze für Verzinsung, Tilgung und Abschreibung, sowie in einer Anzahl von 5 Jahresspalten je die Jahresbeträge für Verzinsung plus Tilgung, Abschreibung und der jeweilige Kapitalrest vermerkt. In dieser Form gewähren die Anlagelisten neben der Verwendung für die Betriebsbuchführung eine Reihe von Vorteilen, die zunächst mit einigen Worten gestreift werden müssen. Die Trennung der Anlagelisten nach Betriebsstellen gewährt laufend die Kenntnis der Anlagewerte der technisch begrenzten Teilbetriebe an sich sowohl, wie in ihrer Beziehung zu den jeweiligen Teilleistungen der Betriebsstellen und Hilfsbetriebe; letzteres gibt insbesondere den großen Vorteil, die Kapitalanlage der Teilbetriebe laufend zu überwachen. Die Anlagelisten ermöglichen weiter, für jeden einzelnen Bestandteil einer Anlage die tatsächlich zu leistenden Sätze für Verzinsung und Tilgung und, was von ausschlaggebender Bedeutung, für jeden einzelnen Bestandteil die technisch richtigen Abschreibungen anzusetzen; nur durch die detaillierte Abschreibung ist es möglich, die Entwertung einer Anlage ausreichend zu erfassen und dauernd richtig zu ermessen. Die Anlagelisten geben die notwendige klare Übersicht über Zusammensetzung, Verzinsung, Tilgung und Abschreibung der Teilanlagen und genügen damit den häufig hervortretenden Anforderungen bezüglich detaillierter Aufschlüsse über die fraglichen Gebiete; klar geschieden sind in den Anlagelisten Verzinsung und Tilgung als geldwirtschaftliche Maßnahme von der betriebswirtschaftlichen Maßnahme der Abschreibung, womit einem dringenden und doch selten genügten Erfordernis Rechnung getragen ist. Die Spalte Kapitalrest gibt jederzeit bequemen Aufschluß über den Zeitwert jedes einzelnen Bestandteiles einer Anlage, über denjenigen der Betriebsabteilungen und Hilfsbetriebe, wie der gesamten Gaswerksanlage. Die gegebenen Andeutungen mögen genügen, um den allgemeinen Wert sorgfältig geführter Anlagelisten zu kennzeichnen.

Für den unmittelbaren Zweck der Betriebsbuchführung werden jeder Anlageliste die Gesamtbeträge für Verzinsung plus Tilgung sowie für Abschreibung entnommen und damit die Konten der betreffenden Betriebsabteilungen belastet. Hier kann nun die Frage aufgeworfen werden, ob die Aufwendungen für Verzinsung, Tilgung und Abschreibung überhaupt zu den Betriebsausgaben zu zählen sind. Die Frage ist im vorliegenden Falle unbedingt zu bejahen, denn ein zutreffender Vergleich der monatlichen Gesamtaufwendungen einer Betriebsstelle, welchen die Betriebsbuchführung doch bezweckt, kann nur unter Berücksichtigung der Aufwendungen für die Anlagen an sich erfolgen.

Die Buchung der Beträge für Verzinsung, Tilgung und Abschreibung auf die Betriebs- und Hilfskonten muß mit Rücksicht auf die monatlichen Abschlüsse monatlich erfolgen; um dies zu erleichtern, werden neben jeder Anlageliste nach Tafel Ia eine Zusatzanlageliste nach Tafel Ib geführt und in diese nach den angegebenen Grundsätzen die Neuanschaffungen des laufenden Jahres zunächst verbucht. Die Monatsspalten der Zusatzanlagelisten gestatten die Austeilung der Beträge für Verzinsung plus Tilgung sowie für Abschreibung, die vom Tag der Zahlungsleistung bis Jahresschluß entfallen, auf die einzelnen Monate, so daß hieraus für die Zwecke der Betriebsbuchführung die Monatsbeträge in bequemster Weise entnommen werden können. Am Ende des Jahres wird die Zusatzanlageliste aufgelöst, indem ihre Positionen unmittelbar auf die Hauptanlageliste übernommen werden. Die Monatsbeträge für Verzinsung plus Tilgung und Abschreibung der einzelnen Betriebsstellen, wie diese für den Monatsabschluß der Betriebsbuchführung benötigt werden, setzen sich aus dem zwölften Teil der betreffenden Jahresbeträge der Hauptanlageliste und dem zugehörigen Monatsbetrag der Zusatzanlageliste zusammen. Einfache Zusammenstellungen nach Art der Tabelle b (Seite 20), getrennt für die Monatsbeträge für Verzinsung plus Tilgung und für Abschreibung, werden für die weitere Verbuchung der ermittelten Beträge beim Abschluß der Betriebsbuchführung gute Dienste leisten.

d) Betriebsmittel.

Zur Ermittlung des Aufwandes für Betriebsmittel, die im wesentlichen in besonderen Hilfsbetrieben gewonnen werden, dienen die im früheren aufgestellten Hilfskonten, auf welche der Aufwand an Löhnen, Materialien und Neuanschaffungen in gleicher Weise wie auf die Betriebskonten gebucht werden. Zum Abschluß der einzelnen Hilfskonten werden unter Benützung von Tabellen nach Tafel II die Monatsbeträge für Betriebs- und Reparaturlöhne, für

Lagermaterialien und besondere Ersatzanschaffungen sowie für Verzinsung plus Tilgung und Abschreibung in den Positionen 1 bis 6 dieser Tabellen zusammengetragen. Insoweit für gewisse Hilfsbetriebe die Verwendung von Betriebsmitteln, die in anderen Hilfsbetrieben gewonnen werden, in Frage kommt und daher zum Abschluß des betreffenden Hilfskontos in den Positionen 7 bis 19 der Tafel II noch entsprechende Monatsbeträge eingesetzt werden müssen, ist der Abschluß einiger minder wichtiger Hilfskonten im Näherungsverfahren erforderlich. Für den vorliegenden speziellen Fall wird auf dieses Verfahren am Schlusse dieses Kapitels noch etwas näher eingegangen werden; vorläufig soll der Abschluß der Hilfskonten allgemein behandelt werden. Aus der Addition der Positionen 1 bis 19 ergibt sich für jedes der 12 Hilfskonten der gesamte Monatsaufwand und hieraus durch Beziehung auf die Leistungseinheit der Hilfsbetriebe die Selbstkosten pro Leistungseinheit. Der Beziehung auf die Leistungseinheit dienen die nachbenannten Leitworte am Fußende der Hilfskonten-Tabellen nach Tafel II; hierbei ist zu beachten, daß die Hilfskonten B 1 und B 2 bezw. C 1 und C 2 zu je einem Hilfskonto B und C vereinigt werden.

Konto A 1: Vollbahn.
- Transportiertes Material . . . . t
- Selbstkosten pro 1 t transportiertes Material Pfg.

Konto A 2: Kleinbahn.
- Transportiertes Material . . . . t
- Selbstkosten pro 1 t transportiertes Material Pfg.

Konto B 1 + B 2: Dampf.
- Gesamte Dampferzeugung . . . . t
- Nutzbarer Dampfverbrauch . . . . . . t
- Verlust an Dampf . . . . t
- Selbstkosten pro 1 t erzeugten Dampfes . . Pfg.
- » » » nutzbar abgegebenen Dampfes . . . . Pfg.

Konto C 1 + C 2: Elektrischer Strom.
- Gesamte Stromerzeugung . . . . KW-Std.
- Nutzbarer Stromverbrauch . . . . KW-Std.
- Verlust an Strom . . . . KW-Std.
- Selbstkosten pro KW-Std. erzeugten Stromes Pfg.
- » » » nutzbar abgegebenen Stromes . . . . Pfg.

Konto D 1: Grundwasser (Gewinnung und Verteilung).

Gewonnenes-verbrauchtes Grundwasser . .	cbm
Selbstkosten pro 1 cbm Grundwasser . . .	Pfg.

Konto D 2: Verbrauchswasser (Gewinnung und Verteilung).

Gehobenes-verbrauchtes Verbrauchswasser .	cbm
Selbstkosten pro 1 cbm »	Pfg.

Konto D 3: Städtisches Wasser.

Bezahltes-verbrauchtes städt. Wasser . . .	cbm
Selbstkosten der Verteilung des städt. Wassers	Pfg.

Konto E: Gasversorgung der Fabrik.

Bezahltes Gas (laut eigener Rechnung) . .	cbm
Nutzbar verwendetes Gas	cbm
Verlust an Gas (im Werk)	cbm
Selbstkosten der Gasverteilung im Werk (bezahltes Gas)	Pfg.
Selbstkosten der Gasverteilung im Werk (nutzbar verwendetes Gas)	Pfg.

Mit der Ermittlung der Selbstkosten ist die Aufgabe der Hilfskonten für den unmittelbaren Zweck der Betriebsbuchführung beendet. Die Belastung der Betriebskonten mit dem Aufwand für Betriebsmittel kann nunmehr erfolgen, indem der Gesamtaufwand für jeden Hilfsbetrieb entsprechend der Inanspruchnahme durch die Betriebsabteilungen auf die 35 Betriebskonten verteilt wird. Für die vorstehend genannten acht Hilfsbetriebe A 1 bis E ist die Inanspruchnahme der Betriebsabteilungen durch den tatsächlichen Verbrauch der Betriebsabteilungen an dem betreffenden Betriebsmittel gekennzeichnet, so daß die Belastung der Betriebskonten in einfachster Weise mit dem Produkt aus Betriebsmittelverbrauch und Selbstkosten der Betriebsmitteleinheit erfolgen kann. Die Verteilung der Hilfskonten F und G, d. s. Reparaturwerkstättenbetrieb und Lagerbetrieb, geschieht im Verhältnis der auf den Betriebskonten lastenden Reparaturlöhne bzw. der auf diesen lastenden Aufwendungen für Lagermaterialien. Die Verteilung der Hilfskonten auf die Hauptkonten wird durch eine Tabelle nach Tabelle VII erleichtert, in deren 1. Teil der Betriebsmittelverbrauch einerseits sowie anderseits der Aufwand an Reparaturlöhnen und Lagermaterialien für die einzelnen Betriebsabteilungen übersichtlich für jedes Monat zusammengestellt ist.

Es ist nun noch nachzutragen, wie für den vorliegenden speziellen Fall der Abschluß der Hilfskonten mit Rücksicht auf die gegenseitige

Verwendung der Betriebsmittel in den Hilfsbetrieben durchgeführt wird. Die Tabelle VII zeigt im zweiten Teil, inwieweit Betriebsmittel in den einzelnen Hilfsbetrieben Verwendung finden. Die Hilfsbetriebe Reparaturwerkstättenbetrieb und Lagerbetrieb verwenden hiernach Dampf für Heizung der Werkstätten, elektrischen Strom für Kraft und Licht in den Werkstätten, städtisches Wasser (an einigen Trinkwasser-Zapfstellen) und Gas für Heizung und Licht im Lager.

Um eine Grundlage für die weiteren Berechnungen zu gewinnen, werden die Aufwendungen für die genannten Betriebsmittel in den beiden Hilfsbetrieben mit Hilfe der vormonatlichen Einheitssätze als Näherungswerte ermittelt und auf diese Weise zunächst die beiden Hilfskonten F und G abgeschlossen. Wie aus der Tabelle VII ersichtlich, steht alsdann dem Abschluß der Hilfskonten B 2, C 2, D 3 und E nichts mehr im Wege. Um den Abschluß der beiden wichtigen Hilfskonten B 1 und C 1 mit möglichster Genauigkeit durchzuführen, werden die Hilfskonten D 1, A 1 und A 2 mittels der noch erforderlichen Näherungswerte für einzelne Betriebsmittel abgeschlossen und dann mit Hilfe der gewonnenen Ergebnisse schließlich die Selbstkosten für Dampf und elektrischen Strom ermittelt. Die Verwendung von Näherungswerten in der angegebenen Weise ist um so mehr berechtigt, als der Betriebsmittelverbrauch der betreffenden Hilfsbetriebe nicht hoch ist, in vielen Fällen an und für sich nur durch mehr oder minder genaue Rechnung und Schätzung bestimmbar ist und überdies der Aufwand für Betriebsmittel in den betreffenden Hilfsbetrieben sehr gegenüber dem Gesamtaufwand des Hilfsbetriebes zurücktritt; die geringen Schwankungen, die durch Verwendung von Näherungswerten beim Abschluß einiger Hilfsbetriebe in den Endergebnissen möglicherweise verursacht werden, kommen für die Praxis nicht in Betracht.

Neben der unmittelbaren Verwendung der Hilfskonten in der Betriebsbuchführung haben die Hilfskonten in der gegebenen Form nach Tafel II noch eine wichtige, selbständige Bedeutung. Die systematische Ordnung der Monatsaufwendungen für die Hilfsbetriebe in fest bestimmte Aufwandsgruppen ermöglicht durch Beziehung der Aufwandsgruppen auf die Monatsleistungen einen einwandfreien Vergleich der monatlichen Teilaufwendungen eines Hilfsbetriebes und damit eine scharfe detaillierte Wirtschaftskontrolle der Hilfsbetriebe an sich. Ergibt beispielsweise ein Hilfskonto im Monatsabschluß eine höhere Relativzahl für den gesamten Hilfsbetrieb, so kann aus dem tabellarisch geordneten Hilfskonto nach Tafel II unter Benutzung der dort vermerkten Relativzahlen für die Teilaufwendungen ohne weiteres ersehen werden, welche Aufwandsgruppen und in welchem Maße dieselben die ungünstige Beeinflussung des Gesamtergebnisses bewirkt haben. Mit Hilfe der früheren Detailaufwendungen können des weiteren die Ursachen bis in alle Einzelheiten zurückverfolgt werden.

C. Abschlufs der Betriebsbuchführung.

Der Abschluß der Betriebsbuchführung besteht in dem Abschluß der Betriebskonten. Im vorstehenden wurde gezeigt, wie die Buchung des Aufwandes an Löhnen, Materialien, Neuanschaffungen und Betriebsmittel in 19 verschiedenen Gruppen auf die einzelnen Betriebskonten erfolgt und die Gruppenbuchungen für die Zwecke des monatlichen Abschlusses der Betriebsbuchführung monatlich abgeschlossen werden. Der Abschluß der einzelnen Betriebskonten erfordert nunmehr, die ermittelten Monatsbeträge der Gruppenaufwendungen für jedes Betriebskonto besonders zusammenzustellen, wozu sich am besten die in Tafel II gegebene tabellarische Form eignet, die auch bereits zum Abschluß der Hilfskonten Verwendung gefunden hat. Die tabellarischen Betriebskonten nach Tafel II geben eine bequeme Übersicht über den detaillierten Aufwand jeder einzelnen Betriebsabteilung für die 12 Monate des Rechnungsjahres und gestatten durch Gegenüberstellung der klar gegliederten Monatsaufwendungen den Vergleich der verschiedenen Monatsergebnisse in sehr durchsichtiger Form. Zum Zwecke des Vergleiches der Monatsergebnisse werden die Monatsbeträge der Aufwandsgruppen (Pos. 1 bis 19) auf die jeweilige Monatsleistung der Betriebsabteilung bezogen. Die damit erzielten Relativwerte, welche in den Betriebskontentabellen neben die vollen Beträge gesetzt werden, vermitteln die scharfe detaillierte Überwachung des Aufwandes, die den Zweck der vorliegenden Betriebsbuchführung darstellt. Für die aufgestellten 35 Betriebskonten gelten nachbenannte Leistungseinheiten:

Konto I 1: 1 t transportierte Kohle im Betrieb I,
» I 2: 1 t » » » » II,
» I 3: 1 t gelagerte Kohle,
» I 4: 1 t transportierte Kohle vom Lager,
» II 1: 1000 cbm erzeugtes Steinkohlengas im Betrieb I,
» II 2: 1000 cbm » » » » II,

Konto III 1: 1 t transportierter Koks im Betrieb I,
» III 2: 1 t » » » » II,
» III 3: 1 t separierter Koks im Betrieb I,
» III 4: 1 t » » » » II,
» III 5: 1 t gelagerter Koks,
» III 6: 1 t transportierter Koks vom Lager,
» III 7: 1 t verkaufter Koks,
» IV 1—11: 1000 cbm erzeugtes Steinkohlengas,
» V: 1 t abgegebener Teer,
» VI: 1 t erzeugtes Salz,
» VII: 1000 cbm erzeugtes Wassergas,
» VIII—XII: 1000 cbm Gesamtgaserzeugung.

Aus dem Vergleich der Relativwerte kann zunächst erkannt werden, welche der 35 Betriebsabteilungen an einem z. B. ungünstigen monatlichen Gesamtergebnis des Gaswerksbetriebes beteiligt sind und in welchem Maße die ungünstige Beeinflussung stattgefunden hat. Die Gliederung des Monatsaufwandes in jeder Betriebsabteilung gestattet weiter mit Hilfe der Relativwerte festzustellen, ob und in welchem Maße einzelne Aufwandsgruppen das minder gute Monatsergebnis verursacht haben. Ist auf diese Weise klargelegt, ob innerhalb einer Betriebsabteilung der relativ höhere Aufwand in einem Monat durch Mehrausgaben für Betriebs- oder Reparaturlöhne, durch höheren Aufwand für Materialien oder bestimmte Betriebsmittel bedingt oder vielleicht die Folge einer schlecht rentierenden Neu- oder Erweiterungsanlage ist, so kann mit Hilfe der Detailbuchungen in den vorbeschriebenen Tabellen und Verzeichnissen der früheren Kapitel auf die letzte Ursache in jeden einzelnen Falle zurückgegangen werden. Mit einer derartigen detaillierten Aufwandskontrolle ist jedem Bedürfnis nach scharfer Betriebskontrolle Rechnung getragen. Der Betriebsleiter ist durch die vorgeschilderte Betriebsbuchführung in der Lage, jedem Mangel im Betrieb rechtzeitig in Mark und Pfennigen zu erkennen und den Erfolg jeder seiner Maßnahmen in allen Einzelheiten auf ihren wirtschaftlichen Wert zu prüfen. Die Betriebsbuchführung leistet somit Gewähr für die dauernd erfolgreiche Führung des Gaswerksbetriebes und die höchstmögliche wirtschaftliche Ausnützung der Anlagen und Einrichtungen, womit nicht nur den Interessen des einzelnen Werkes, sondern der gesamten Gasindustrie Rechnung getragen ist. Durch allgemeine Verwendung scharfer und durchsichtiger Betriebsbuchführungen in den Gaswerksbetrieben kann sich die Gasindustrie ein neues, beachtenswertes Übergewicht über die Konkurrenz verschaffen, das von um so größerer Bedeutung ist, als die sich in den Gaswerksbetrieben gegenwärtig vollziehenden bedeutenden Umgestaltungen einer sicheren Grundlage zur Beurteilung und Verwendung der Neuerungen bedürfen.

Der allgemeinen Übersicht über den gesamten Gaswerksbetrieb dient schließlich die Tabelle VIII, in welcher die monatlichen Gesamtaufwendungen in den 35 Betriebskonten auf die ursprünglichen 12 Hauptkonten zusammengedrängt sind und hieraus als Summenergebnis die monatlichen Betriebsausgaben für den gesamten Gaswerksbetrieb gezogen ist. Zum Vergleich der Monatsergebnisse werden die sämtlichen Ausgabenbeträge dieser Übersichtstabelle auf eine gemeinsame Einheit, d. i. 1000 cbm erzeugtes Gas, bezogen; nur für die Werte der Konten V, VI und VIII sind zur Vermeidung von zweierlei Einheitszahlen für dieselben Werte die früher gewählten Einheiten beibehalten. Den Betriebsausgaben sind in dieser Tabelle die Einnahmen des Gaswerksbetriebes, d. s. die Einnahmen für die Neben- und Abfallprodukte, gegenübergesetzt, so daß diese Tabelle den vollkommenen Betriebsabschluß des Gaswerksbetriebes vermittelt. Die Netto-Betriebskosten der Gaserzeugung, welche sich aus der Differenz der Betriebsausgaben und der Betriebseinnahmen ergeben, stellen das finanzielle Endergebnis des Gaswerksbetriebes dar.

Im Finalabschluß des Gaswerksunternehmens nach Tabelle IX erscheinen die Netto-Betriebskosten der Gaserzeugung neben den Netto-Betriebskosten der Gasverteilung, den Kosten der Direktion und den Kosten der Kohlen frei Anschluß Gaswerk in Ausgabe. Die genannten Ausgabeposten entsprechen der natürlichen Unterteilung des Gaswerksunternehmens in die drei Hauptabteilungen, d. i. der Gaswerksbetrieb, der Gasverteilungsbetrieb und die Direktion; die Ausgaben für Kohle, die sinngemäß nur dem Gaswerksunternehmen und nicht dem Gaswerksbetrieb belastet werden können, werden besonders geführt und kommen daher auch als selbständiger Ausgabeposten in den Finalabschluß. Die Summe der genannten vier Ausgabeposten stellt die Selbstkosten des Gases in klarer Detaillierung dar. Den Selbstkosten stehen in Einnahme die Reineinnahmen aus dem Gasverkauf gegenüber; die Differenz der beiden ergibt den Überschuß des Gasunternehmens.

Tabelle I.

Lohnkarte für Betriebsarbeiter.

Kontroll-Nr. 122.
Lohn ℳ 4.—.

Karl Schmidt,
Hofarbeiter.

Lohnperiode:
vom 29./III. bis 12./IV. 09.

1 Wochentag	2 Datum	3 Benennung der Arbeit	4 Anteil an Normal-Tagelohnstunden des Kontos Nr. IV 5	III 7	VII	A 2	IV 10			5 Arbeitsstunden Tagelohn normal Std.	mit 33⅓% Konto	Std.	mit 50% Konto	Std.	Akkord Konto	Std.	Tagelohn u. Akkord	6 Funktionszulage
Mon.	29./III.		2			8				10								
Dien.	30./III			3	3		4			10								
Mittw.	31./III.		1	4	5					10								
Donn.	1./IV.		2	2			6			10								
Freit.	2./IV.			9						9	D	1						
Samst.	3./IV.			10						10								
Sonn.	4./IV.									—					III. 7.	10		
Mon.	5./IV.									—					III. 7.	10		
Dien.	6./IV									—					III. 7.	10		
Mittw.	7./IV.									—								
Donn.	8./IV.			10						10								
Freit.	9./IV.			10						10								
Samst.	10./IV.		3	5		2				10								
Sonn.	11./IV.		1	9						10								
29./III.	31./III.		3	7	8	8	4			30								
1./IV.	11./IV.		6	55	—	2	6			69								
29./III.	11./IV.		9	62	8	10	10			99								

Lohnverteilung.

Konto	Rechnungsabschnitt I: Tagelohn normal	33⅓%	50%	Akkord	Zulagen	Gesamtlohn	Rechnungsabschnitt II: Tagelohn normal	33⅓%	50%	Akkord	Zulagen	Gesamtlohn
IV/5	1,20					1,20	2,40					2,40
III/7	2,80					2,80	22,—			6,—		28,—
VII	3,20					3,20	—					—
A 2	3,20					3,20	0,80					0,80
IV/10	1,60					1,60	2,40					2,40
D 1								0,53				0,53
	12,00					12,—	27,60	0,53		6,—		34,13

Lohnverrechnung.

Tagelohn normal 99 · 0,40 . . . = 39,60
„ mit 33⅓% $1 \cdot \frac{4}{3} \cdot 0,40$ = 0,53
„ „ 50% . . . . . . = —,—
Akkord Pos. 30 . . . . . . = 6,—

46,13.

Tabelle II.

Lohnkarte für Reparaturarbeiter.

Kontroll Nr. 243.	Konrad Schmitgen	Lohnperiode:
Lohn ℳ. 4,50.	Schlosser.	vom 29. III. bis 11. IV. 190

Wochentag	Datum	Benennung der Arbeit	Arbeits-Stunden								
			Tagelohn					Akkord		Tag Loh un Akk
			normal	mit $33^1/_3$ %		mit 50 %				
			Std.	Konto	Std.	Konto	Std.	Konto	Std.	
Mont.	29./III.		10							10
Dienst.	30./III.	Pos. 23	—					II. 2	10	10
Mittw.	31./III.	Pos. 28	—					III. 1	10	10
Donn.	1./IV.	Pos. 28	2					III. 1	8	10
Freit.	2./IV.		10							10
Samst.	3./IV.		10	III. 3	2	III. 3	2			14
Sonnt.	4./IV.		—							—
Mont.	5./IV.		10	III. 4	1					11
Dienst.	6./IV.		10							10
Mittw.	7./IV.		10							10
Donn.	8./IV.		10							10
Freit.	9./IV.		10							10
Samst.	10./IV.		10							10
Sonnt.	11./IV.		—							—
29./III.—31./III.			10						20	30
1./IV.—11./IV.			82		3		2		8	95
29./III.—11./IV.			92		3		2		28	125

Lohnverrechnung.

Tagelohn normal 92 × 0,45 . . . . = 41,80 ℳ

» mit $33^1/_3$ % $3 \times \frac{4}{3} \times 0{,}45$ = 1,80 »

» » 50 % $2 \times \frac{3}{2} \times 0{,}45$ = 1,35 »

Akkord Pos. 23 . . . . = 6,20 »

» » 28 . . . . = 12,30 »

63,05 ℳ

Lohnverteilung auf die Konten.

Rechnungsabschnitt I: Tagelohn

Rechnungsabschnitt II: Tagelohn

Anteil der Konten an den Normaltagelohn-Stunden

…zeugung	Koks-Behandlung							Gas-Behandlung															Allg. Fabrik-anlagen						Fabrikbahn		Dampf		Strom		Wasser			Gas			Neuanlagen
» II	Kokstransp. Betrieb I	» » II	Koksseparation I	» II	Kokslagerung	Kokstransp. v. Lager	Koksverkauf	Gaskühlung I	» II	Gastransport I	» II	Gasreinigung v. Teer I	» » » II	Gasreinig. v. Ammon. I	» » » II	Gasreinig. v. Schwefel I	» » » II	Gasmessung etc.	Teer-Behandlung	Ammoniakwasser-Verarbeitung	Wassergas-Erzeugung	Laborat. u. Versuchsgasanst.	Umfriedigung, Plätze	Allg. Betriebsgebäude	Wohlfahrtsanlagen	Wohngebäude	Allgemeine Unkosten	Lager-Vorräte	Vollbahn	Kleinbahn	Dampferzeugung	Dampfverteilung	Stromerzeugung	Stromverteilung	Grundwasser	Verbrauchswasser	Städt. Wasser	Gasversorgung d. Fabrik	Reparatur-Werkstätte	Lager-Betrieb	
II	III							IV											V	VI	VII	VIII	IX				X	XI	A		B		C		D			E	F	G	
2	1	2	3	4	5	6	7	1	2	3	4	5	6	7	8	9	10	11					1	2	3	4			1	2	1	2	1	2	1	2	3				
			2																																						
												2																													
8						2																																			
	6																						4																		
		3			2													5																							
				5																																					
																																8									
								1															8																	1	
						2															3									2								3			
																													3	3		4									
			2																																						
8	6	3		5	2	4		1				2						5			3		12						3	5		12						3		1	
8	6	3	2	5	2	4		1				2						5			3		12						3	5		12						3		1	

II 2	III 1	III 2	III 3	III 4	III 5	III 6	III 7	IV 1	IV 2	IV 3	IV 4	IV 5	IV 6	IV 7	IV 8	IV 9	IV 10	IV 11	V	VI	VII	VIII	IX 1	IX 2	IX 3	IX 4	X	XI	A 1	A 2	B 1	B 2	C 1	C 2	D 1	D 2	D 3	E	F	G	
9,80	15,00	1,35	2,55	2,85	0,90	1,80		0,45				0,90						2,25			1,35		5,40						1,35	2,25		5,40						1,35		0,45	58,55
																																									—
6,20	12,30																																								18,50
			1,35																																						1,35
			1,20	0,60																																					1,80
3,60	2,70	1,35		2,25	0,90	1,80		0,45				0,90						2,25			1,35		5,40						1,35	2,25		5,40						1,35		0,45	36,90
			0,90																																						**4,50**
																																									—
																																									—
																																									—
			0,90																																						4,50
II 2	III 1	2	3	4	5	6	7	IV 1	2	3	4	5	6	7	8	9	10	11	V	VI	VII	VIII	IX 1	2	3	4	X	XI	A 1	2	B 1	2	C 1	2	D 1	2	3	E	F	G	

Tabelle III.

Lager-Journal.

Lfd. Nr.	Datum						Nummer		Lieferant (Name u. Ort)	Gegenstand	Stückzahl	
	der Lieferung		der Rechnung		des Eingangs der Rechnung		der Rechnung	des Lieferscheins				
	1909											
	Tag	Mo.	Tag	Mo.	Tag	Mo.	Nr.	Nr.			Anzahl	kg m l

Grundpreis				Rabatt			Zuschlag			Spesen						Rück-Vergütung für Verpackung		Skonto-Abzug		Netto-Preis				Lfd. Nr. in der Lagerkarte
des Gesamten		der Einheit		Satz	Betrag		Satz	Betrag		Fracht		Roll-geld		Ver-pa-kung						des Gesamten		der Einheit		
ℳ	₰	ℳ	₰	%	ℳ	₰	%	ℳ	₰	ℳ	₰	ℳ	₰	ℳ	₰	ℳ	₰	ℳ	₰	ℳ	₰	ℳ	₰	Nr.

Tabelle IV.

Lagerkarte

(doppelseitig bedruckt).

Material: Gleitschienen.

Karte Nr. I (Kontrollstempel).

Eingang										Ausgang														Rechnungsmäßiger Bestand				Bemerkungen		
Lfd. Nr.	Datum		Lfd. Nr. d. Journals	Stückzahl		Netto-				Lfd. Nr.	Datum		Verlangschein Nr.	Abgehoben aus Eingangsposition		Stückzahl		Netto-				Ausgegangen auf Ausgangskonto		Stückzahl		Anschaffungswert		betr. Inventur-		
	Tag	Monat	Nr.	Anzahl	kg m l	Gesamtbetrag		Einheitspreis			Tag	Monat		Lfd. Nr.	Gesamtstückzahl	Anzahl	kg m l	Einheitspreis		Gesamtbetrag		Nr.	Pos.-Nr.	Anzahl	kg m l			Bestand	Wert	
						ℳ	₰	ℳ	₰									ℳ	₰	ℳ	₰					ℳ	₰	Stückzahl	ℳ	₰

Tabelle V.

Lager-Ausgangskarte

(doppelseitig bedruckt).

Konto: Kokstransport Betr. I. Karte Nr. 1 (Kontrollstempel).

Lfd. Nr.	Datum des Ausgangs	Nr. des Verlangscheines	Gegenstand	Stückzahl		Netto			
				Anzahl	kg m l	Einheitspreis		Gesamtbetrag	
						ℳ	₰	ℳ	₰

Tabelle VI.

Liste der besonderen Ersatzanschaffungen

(doppelseitig bedruckt)

Konto III 1: Kokstransport Betr. I.

Datum						Nummer		Lieferant	Gegenstand	Stückzahl		Netto			
der Lieferung		der Rechnung		des Rechnungseinganges		der Rechnung	des Lieferscheines			Anzahl	kg m l	Einheitspreis		Anschaffungswert	
Tag	Monat	Tag	Monat	Tag	Monat							ℳ	₰	ℳ	₰

Tabelle VII.

Anteilverzeichnis für Betriebsmittel.

pro Monat ...... 19 ...

Konto			Transport-material		Nutzb. Dampfverbr.		Nutzb. Stromverbr.		Wasserverbrauch			Gasverbrauch		Reparatur-löhne		Aufwand für Lager-materialien	
			Voll-bahn	Klein-bahn	Kraft	Hei-zung	Kraft	Licht	Grund-wasser	Verbr.-Wasser	städt. Wasser	Hei-zung	Licht				
			t	t	t	t	KW.Std.	KW.Std.	cbm	cbm	cbm	cbm	cbm	ℳ	₰	ℳ	₰
I	1																
I	2																
I	3																
I	4																
I																	
II	1																
II	2																
II																	
III	1																
III	2																
III	3																
III	4																
III	5																
III	6																
III	7																
III																	
IV	1																
IV	2																
IV	3																
IV	4																
IV	5																
IV	6																

<table>
<tr><th></th><th></th><th></th><th>1</th><th>2</th><th>3</th><th>4</th><th>5</th><th>6</th><th>7</th><th>8</th><th>9</th><th>10</th><th>11</th><th>12</th><th>13</th></tr>
<tr><td>IV</td><td>11</td><td></td><td></td><td></td><td></td><td></td><td></td><td></td><td></td><td></td><td></td><td></td><td></td><td></td><td></td></tr>
<tr><td>IV</td><td></td><td></td><td></td><td></td><td></td><td></td><td></td><td></td><td></td><td></td><td></td><td></td><td></td><td></td><td></td></tr>
<tr><td>V</td><td></td><td></td><td></td><td></td><td></td><td></td><td></td><td></td><td></td><td></td><td></td><td></td><td></td><td></td><td></td></tr>
<tr><td>VI</td><td></td><td></td><td></td><td></td><td></td><td></td><td></td><td></td><td></td><td></td><td></td><td></td><td></td><td></td><td></td></tr>
<tr><td>VII</td><td></td><td></td><td></td><td></td><td></td><td></td><td></td><td></td><td></td><td></td><td></td><td></td><td></td><td></td><td></td></tr>
<tr><td>VIII</td><td></td><td></td><td></td><td></td><td></td><td></td><td></td><td></td><td></td><td></td><td></td><td></td><td></td><td></td><td></td></tr>
<tr><td>IX</td><td>1</td><td></td><td></td><td></td><td></td><td></td><td></td><td></td><td></td><td></td><td></td><td></td><td></td><td></td><td></td></tr>
<tr><td>IX</td><td>2</td><td></td><td></td><td></td><td></td><td></td><td></td><td></td><td></td><td></td><td></td><td></td><td></td><td></td><td></td></tr>
<tr><td>IX</td><td>3</td><td></td><td></td><td></td><td></td><td></td><td></td><td></td><td></td><td></td><td></td><td></td><td></td><td></td><td></td></tr>
<tr><td>IX</td><td>4</td><td></td><td></td><td></td><td></td><td></td><td></td><td></td><td></td><td></td><td></td><td></td><td></td><td></td><td></td></tr>
<tr><td>IX</td><td></td><td></td><td></td><td></td><td></td><td></td><td></td><td></td><td></td><td></td><td></td><td></td><td></td><td></td><td></td></tr>
<tr><td>X</td><td></td><td></td><td></td><td></td><td></td><td></td><td></td><td></td><td></td><td></td><td></td><td></td><td></td><td></td><td></td></tr>
<tr><td>XI</td><td></td><td></td><td></td><td></td><td></td><td></td><td></td><td></td><td></td><td></td><td></td><td></td><td></td><td></td><td></td></tr>
<tr><td>XII</td><td></td><td></td><td></td><td></td><td></td><td></td><td></td><td></td><td></td><td></td><td></td><td></td><td></td><td></td><td></td></tr>
<tr><td>A</td><td>1</td><td>Vollbahn</td><td>×</td><td>×</td><td>×</td><td>|</td><td>|</td><td>|</td><td>×</td><td>×</td><td>|</td><td>|</td><td>|</td><td>|</td><td>|</td></tr>
<tr><td>A</td><td>2</td><td>Kleinbahn</td><td>×</td><td>×</td><td>|</td><td>|</td><td>|</td><td>|</td><td>|</td><td>|</td><td>|</td><td>|</td><td>×</td><td>|</td><td>|</td></tr>
<tr><td>B</td><td>1</td><td>Dampferzeugung</td><td>×</td><td>×</td><td>×</td><td>×</td><td>×</td><td></td><td>×</td><td></td><td>×</td><td>|</td><td>×</td><td>×</td><td>×</td></tr>
<tr><td>B</td><td>2</td><td>Dampfverteilung</td><td>×</td><td>×</td><td>|</td><td>|</td><td>|</td><td>|</td><td>|</td><td>|</td><td>|</td><td>|</td><td>|</td><td>|</td><td>|</td></tr>
<tr><td>C</td><td>1</td><td>Stromerzeugung</td><td>×</td><td>×</td><td>|</td><td>|</td><td>×</td><td>|</td><td>×</td><td>×</td><td>×</td><td>|</td><td>×</td><td>|</td><td>|</td></tr>
<tr><td>C</td><td>2</td><td>Stromverteilung</td><td>×</td><td>×</td><td>|</td><td>|</td><td>|</td><td>|</td><td>|</td><td>|</td><td>|</td><td>|</td><td>|</td><td>|</td><td>|</td></tr>
<tr><td>D</td><td>1</td><td>Grundwasser</td><td>×</td><td>×</td><td>|</td><td>|</td><td>|</td><td>|</td><td>|</td><td>×</td><td>×</td><td>|</td><td>|</td><td>|</td><td>|</td></tr>
<tr><td>D</td><td>2</td><td>Verbrauchswasser</td><td>×</td><td>×</td><td>|</td><td>|</td><td>|</td><td>|</td><td>|</td><td>|</td><td>|</td><td>|</td><td>×</td><td>|</td><td>|</td></tr>
<tr><td>D</td><td>3</td><td>Städtisches Wasser</td><td>×</td><td>×</td><td>|</td><td>|</td><td>|</td><td>|</td><td>|</td><td>|</td><td>|</td><td>|</td><td>|</td><td>|</td><td>|</td></tr>
<tr><td>E</td><td></td><td>Gasversorgung</td><td>×</td><td>×</td><td>|</td><td>|</td><td>|</td><td>|</td><td>|</td><td>|</td><td>|</td><td>|</td><td>|</td><td>|</td><td>|</td></tr>
<tr><td>F</td><td></td><td>Reparaturwerkstätten-Betrieb</td><td>|</td><td>|</td><td>|</td><td>|</td><td>×</td><td>|</td><td>|</td><td>×</td><td>×</td><td>×</td><td>|</td><td>|</td><td>|</td></tr>
<tr><td>G</td><td></td><td>Lagerbetrieb</td><td>|</td><td>|</td><td>×</td><td>×</td><td>×</td><td>|</td><td>|</td><td>|</td><td>|</td><td>|</td><td>|</td><td>|</td><td>×</td></tr>
</table>

Tabelle VIII.

Übersicht über die Monatsabschlüsse des Gaswerksbetriebs pro Jahr .....

Monat	K I Kohlenbehandlung				K II Gaserzeugung				K III Koksbehandlung				K IV Gasbehandlung				K V Teerbeh	
	Betrag		pro 1000 cbm erz. Gas		Betrag		pro 1000 cbm erz. Gas		Betrag		pro 1000 cbm erz. Gas		Betrag		pro 1000 cbm erz. Gas		Betrag	
	ℳ	₰	ℳ	₰	ℳ	₰	ℳ	₰	ℳ	₰	ℳ	₰	ℳ	₰	ℳ	₰	ℳ	₰
April																		
Mai																		
Juni																		
Juli																		
August																		
September																		
Oktober																		
November																		
Dezember																		
Januar																		
Februar																		
März																		
1909/10																		

Monat	Ausgaben								Gesamte Ausgaben für den Gaswerksbetrieb							
	K XI Magazin- (Vorräte)				K XII Gehälter (d. Betriebs-Beamten)								Koks		Teer	
	Betrag		pro 1000 cbm erz. Gas		Betrag		pro 1000 cbm erz Gas		Betrag		pro 1000 cbm erz. Gas		Betrag		Betrag	
	ℳ	₰	ℳ	₰	ℳ	₰	ℳ	₰	ℳ	₰	ℳ	₰	ℳ	₰	ℳ	₰
April																
Mai																
Juni																
Juli																
August																
September																
Oktober																
November																
Dezember																
Januar																
Februar																
März																
1909/10																

n																					
…moniakwasser …arbeitung			K VII Wassergas-erzeugung				K VIII Laborat. und Versuchgasanstalt				K IX Allgemeine Fabrikanlage				K X Allgemeine Unkosten						
	pro 1 t erz. Salz		Betrag		pro 1000 cbm erz. W.-Gas		Betrag		pro 1000 cbm erz. Gas		Betrag		pro 1000 cbm erz. Gas		Betrag		pro 1000 cbm erz. Gas				
₰	ℳ	₰	ℳ	₰	ℳ	₰	ℳ	₰	ℳ	₰	ℳ	₰	ℳ	₰	ℳ	₰	ℳ	₰			

e n											
…r. …sse	Versch. Erzeugnisse		Gesamte Einnahmen für den Gaswerksbetrieb				Netto-Betriebskosten der Gaserzeugung				Bemerkungen
	Betrag		Betrag		pro 1000 cbm erz. Gas		Betrag		pro 1000 cbm erz. Gas		
₰	ℳ	₰	ℳ	₰	ℳ	₰	ℳ	₰	ℳ	₰	

Tabelle IX.

Übersicht über die Monatsabschlüsse des Gaswerksunternehmens pro Jahr . . . .

Monat	Ausgaben												Gesamtausgaben				Einnahmen				Überschuß des Gaswerksunternehmens			
	Kohlenbeschaffung (frei Werk)		Gaserzeugungs-Netto-Betriebskosten				Gasverteilungs-Netto-Betriebskosten				für Direktion und Verwaltung				Selbstkosten des Gases				für Gas					
	Betrag		Betrag		pro 1000 cbm erzeugtes Gas		Betrag		pro 1000 cbm Nutzgas		Betrag		pro 1000 cbm Nutzgas		Betrag		pro 1000 cbm Nutzgas		Betrag		pro 1000 cbm Nutzgas		Betrag		pro 1000 cbm Nutzgas	
	ℳ	₰	ℳ	₰	ℳ	₰	ℳ	₰	ℳ	₰	ℳ	₰	ℳ	₰	ℳ	₰	ℳ	₰	ℳ	₰	ℳ	₰	ℳ	₰	ℳ	₰	ℳ	₰
April																												
Mai																												
Juni																												
Juli																												
August																												
September																												
Oktober																												
November																												
Dezember																												
Januar																												
Februar																												
März																												
1909/10																												

Tafel Ia.

Hauptanlageliste für Konto III 1:

Kokstransport Betr. I.

Tafel Ib.

Zusatzanlageliste für Konto III 1:

Kokstransport Betr. I.

Lfd. Nr.	Datum			Gegenstand
	Jahr	Monat	Tag	

Laufende Nr.	Datum		Gegenstand
	Tag	Monat	

Satz										
			1906/07							
Verzinsung	Tilgung	Abschreibung	Verzinsung und Tilgung		Abschreibung		Kapitalrest		Verzinsung und Tilgung	
%	%	%	ℳ	₰	ℳ	₰	ℳ	₰	ℳ	₰

Verzinsungszeit bis Jahresschlufs		Satz			April				Mai				Juni			
Tage	Monate	Verzinsung	Tilgung	Abschreibung	Verzinsung u. Tilgung		Abschreibung		Verzinsung u. Tilgung		Abschreibung		Verzinsung u. Tilgung		Abschreibung	
		%	%	%	ℳ	₰	ℳ	₰	ℳ	₰	ℳ	₰	ℳ	₰	ℳ	₰

Jahresbetrag													
1907/08				1908/09									
Abschreibung		Kapitalrest		Verzinsung und Tilgung		Abschreibung		Kapitalrest		Verzinsung und Tilgung	
M	Pf	M	Pf	M	Pf	M	Pf	M	Pf	M	Pf

Betrag pro Monat																				
Juli				August				September				Oktober				Novembe				
Verzinsung u. Tilgung		Abschreibung		Verzinsung u. Tilgung		Abschreibung		Verzinsung u. Tilgung		Abschreibung		Verzinsung u. Tilgung		Abschreibung		Verzinsung u. Tilgung		A sch b		
M	Pf	M	Pf	M	Pf	M	Pf	M	Pf	M	Pf	M	Pf	M	Pf	M	Pf	M		

…pitalrest		1910/11						Bemerkungen
		Verzinsung und Tilgung		Abschreibung		Kapitalrest		
ℳ	₰	ℳ	₰	ℳ	₰	ℳ	₰	

…-schrei-…ng	Januar				Februar				März				Jahresbetrag				Hauptanlage-Liste Lfd. Nr.
	Verzinsung u. Tilgung		Abschreibung		Verzinsung u. Tilgung		Abschreibung		Verzinsung u. Tilgung		Abschreibung		Verzinsung u. Tilgung		Abschreibung		
₰	ℳ	₰	ℳ	₰	ℳ	₰	ℳ	₰	ℳ	₰	ℳ	₰	ℳ	₰	ℳ	₰	

Tafel II.

Betriebskonto
Hilfskonto } **(Namenbezeichnung)**

pro Jahr ......

	Aufwendungen		April Gesamtbetrag M	₰
1	Betriebslöhne			
2	Reparaturlöhne			
Sa 1 u. 2	Gesamtaufwand für Löhne			
3	Lagermaterialien			
4	Besondere Ersatzanschaffungen			
Sa 3 u. 4	Gesamtaufwand für Ersatzgegenstände			
5	Betrag für Verzinsung und Tilgung			
6	Betrag für Abschreibung			
Sa 5 u. 6	Gesamtaufwand für Neuanschaffungen			
7	Hauptbahntransport			
8	Kleinbahntransport			
9	Dampf	Kraft		
10		Heizung		
11	Elektr. Strom	Kraft		
12		Licht		
13	Gas	Heizung		
14		Licht		
15	Grundwasser			
16	Verbrauchswasser			
17	Städtisches Wasser			
18	Reparaturwerkstättenbetrieb			
19	Lagerbetrieb			
Sa 7-19	Gesamtaufwand für Betriebsmittel			
Sa 1-19	Gesamtaufwand			
	Gesamte Dampferzeugung in cbm			
	Gesamter Dampfverbrauch » »			
	Verlust an Dampf » »			
	Gesamtaufwand pro 1 t erzeugten Dampfes			
	» » 1 t nutzbar verwendeten Dampfes			

Mai			Juni			Juli			August		
trag		Ein-heits-betrag	Gesamtbetrag		Ein-heits-betrag	Gesamtbetrag		Ein-heits-betrag	Gesamtbetrag		Ein-heits-betrag
₰		₰	ℳ	₰	₰	ℳ	₰	₰	ℳ	₰	₰

September			Oktober			November			Dezember		
Gesamtbetrag		Einheitsbetrag	Gesamtbetrag		Einheitsbetrag	Gesamtbetrag		Einheitsbetrag	Gesamtbetrag		Ei[illegible] he[illegible] bet[illegible]
ℳ	₰	₰	ℳ	₰	₰	ℳ	₰	₰	ℳ	₰	₰

…	Februar			März			Jahr 1909/10		
Einheitsbetrag	Gesamtbetrag		Einheitsbetrag	Gesamtbetrag		Einheitsbetrag	Gesamtbetrag		Einheitsbetrag
₰	ℳ	₰	₰	ℳ	₰	₰	ℳ	₰	₰

www.ingramcontent.com/pod-product-compliance
Lightning Source LLC
LaVergne TN
LVHW091730021026
849161LV00003BB/533